All-In Python

La boite à outils pour maîtriser la
programmation avancée avec Python 3

Laurent Baudrin

SOMMAIRE

Clause de non-responsabilité

« Les insectes ne s'attaquent qu'aux lumières qui brillent »

Le présent texte est une Clause de non-responsabilité s'appliquant à l'intégralité de ce livre. Le lecteur est informé que l'ensemble du contenu de ce livre est fourni à titre non contractuel et strictement destiné à des fins purement informatives.

L'auteur de ce livre ne fournit aucune déclaration, aucun engagement ni aucune garantie d'aucune nature, implicite ou explicite, quant à l'exactitude, la véracité, la fiabilité, l'applicabilité, l'adéquation ou l'exhaustivité des informations présentes dans ce livre. Le contenu de ce livre est susceptible d'avoir été produit et ou traduit à l'aide de mécanismes automatisés. En aucun cas, l'auteur de ce livre ne saurait être tenu responsable de la présence d'imperfections, d'erreurs, d'omissions, ou de l'inexactitude du contenu proposé dans ce livre.

Aucune utilisation des informations présentes dans ce livre, de quelque manière que ce soit, ne saurait ouvrir droit à un quelconque dédommagement ou compensation quel qu'en soit sa nature.

L'auteur de ce livre ne saurait en aucun cas être tenu responsable, d'aucune manière, de tout dommage ou préjudice, de quelque nature que ce soit, direct ou indirect, lié ou non à la négligence, pouvant entre autres, découler de l'utilisation de quelque manière que ce soit des informations contenues dans ce livre, et ce, que l'auteur soit ou non avisé de la possibilité de tels dommages.

Le lecteur demeure, en toutes circonstances, le seul et l'unique responsable de l'utilisation et de l'interprétation des informations figurant dans le présent livre et des conséquences qui pourraient en découler.

Toute utilisation du contenu de ce livre de quelque manière que ce soit s'effectue aux risques et périls du lecteur uniquement et n'engage, en aucun cas, aucune responsabilité d'aucune sorte de l'auteur de ce livre.

Si le lecteur ne comprend pas un mot ou une phrase de la présente Clause de non-responsabilité, ou qu'il n'en accepte pas en partie ou pleinement les termes, il doit obligatoirement renoncer à toute utilisation de ce livre et s'engage à le supprimer ou le détruire sans délai.

INTRODUCTION

La programmation en Python a connu une ascension fulgurante au cours des dernières décennies pour devenir l'un des langages de programmation les plus populaires et influents dans le monde de la technologie. Sa simplicité, sa lisibilité et sa polyvalence en font un outil inestimable pour les développeurs, qu'ils soient novices ou expérimentés. Cependant, la puissance de Python ne se limite pas à ses aspects élémentaires. Elle s'étend bien au-delà, englobant un vaste éventail de concepts et de techniques qui permettent de résoudre des problèmes complexes et de créer des applications robustes, performantes et polyvalentes.

Ce livre a pour objectif de guider le lecteur dans le monde fascinant de la programmation avancée en Python. Il s'adresse non seulement à ceux qui ont déjà une solide compréhension des bases de Python, mais aussi à ceux qui souhaitent approfondir leur expertise et se familiariser avec des sujets avancés.

Le contenu de ce livre a été soigneusement conçu pour couvrir un large éventail de sujets, allant de la programmation orientée objet à la manipulation de données en passant par la sécurité, le développement web, l'intelligence artificielle, et bien plus encore. Chaque chapitre aborde des concepts avancés et des techniques essentielles, tout en mettant l'accent sur les bonnes pratiques de développement.

À mesure que vous progressez dans ces pages, vous découvrirez comment concevoir des applications Python sophistiquées, comment résoudre des problèmes complexes avec élégance et efficacité, et comment créer des logiciels de haute qualité qui répondent aux besoins les plus exigeants. Vous acquerrez une compréhension approfondie des aspects avancés de la programmation Python, tout en acquérant des compétences pratiques pour réussir dans le monde du développement logiciel.

Il est important de noter que ce livre suppose que vous avez déjà une connaissance de base de Python. Si vous êtes novice en la matière, nous vous encourageons à vous familiariser d'abord avec les fondamentaux de Python avant d'aborder les sujets avancés présentés ici. Nous croyons que la programmation en Python est une aventure continue, et ce livre vise à être votre guide de confiance tout au long de ce voyage vers la maîtrise de la programmation Python avancée.

Préparez-vous à plonger dans le monde captivant de la programmation Python avancée. Vous êtes sur le point d'explorer des horizons nouveaux et passionnants, de relever des défis techniques stimulants, et d'acquérir les compétences nécessaires pour créer des logiciels exceptionnels. Bienvenue dans le monde de la programmation Python avancée !

Chapitre 1 : la Programmation Avancée en Python

a. Introduction à la programmation avancée en Python

La programmation avancée en Python repose sur des bases solides. Les développeurs doivent d'abord maîtriser les concepts fondamentaux de Python, notamment la gestion des types de données, les structures de contrôle et les fonctions. Par exemple, la manipulation avancée de listes, de dictionnaires et de tuples permet de créer des structures de données complexes pour résoudre des problèmes algorithmiques. Les structures conditionnelles et les boucles offrent un contrôle précis sur le flux du programme. L'utilisation de fonctions avancées, telles que les fonctions lambda, facilite la gestion de tâches répétitives et la création de fonctions plus génériques et réutilisables.

b. Gestion des types de données complexes

La programmation avancée en Python exige une compréhension approfondie des types de données complexes, qui sont des structures de données permettant de stocker, organiser et manipuler des informations de manière plus sophistiquée que les types de données simples. Cette gestion de données complexes est cruciale pour la résolution de problèmes informatiques avancés. Dans ce contexte, nous examinerons en détail les types de données complexes les plus couramment utilisés en Python, en illustrant leur utilisation par des exemples concrets.

Listes et Tuples :

Les listes et les tuples sont des séquences ordonnées de valeurs. Les listes sont modifiables, tandis que les tuples sont immuables. Ces structures permettent de stocker des collections d'éléments. Par exemple, une liste de nombres peut être définie comme suit :

python

```python
ma_liste = [1, 2, 3, 4, 5]
mon_tuple = (10, 20, 30)
```

Dictionnaires :

Les dictionnaires sont des structures de données clé-valeur qui associent des clés à des valeurs. Ils sont utiles pour représenter des données associatives. Voici un exemple de dictionnaire stockant des informations sur un étudiant :

python

```python
etudiant = {
  "nom": "Jean Dupont",
  "age": 25,
  "matricule": "AB12345"
}
```

Ensembles :

Les ensembles sont des collections non ordonnées d'éléments uniques. Ils sont utilisés pour stocker des valeurs distinctes. Par exemple, un ensemble de nombres premiers peut être créé de la manière suivante :

python

```python
nombres_premiers = {2, 3, 5, 7, 11}
```

Listes Comprises :

Les listes comprises sont une fonctionnalité puissante permettant de créer des listes de manière concise en utilisant des expressions. Par exemple, pour générer une liste de carrés des nombres de 1 à 10 :

python

```python
carres = [x**2 for x in range(1, 11)]
```

Chaînes de Caractères Multilignes :

Python prend en charge les chaînes de caractères multilignes qui permettent de représenter du texte sur plusieurs lignes. Cela est utile pour la documentation ou pour stocker des requêtes SQL multilignes. Un exemple de chaîne multiligne :

python

```python
requête_sql = """
SELECT *
FROM clients
WHERE nom = 'Smith'
```

"""

Modules de Collections Avancées :

Python offre des modules avancés tels que collections qui fournissent des structures de données spécifiques, par exemple, les dictionnaires ordonnés, les files d'attente, et les piles. Par exemple, le module collections permet de créer un dictionnaire ordonné pour maintenir l'ordre d'insertion des éléments dans le dictionnaire.

python

```python
from collections import OrderedDict
dictionnaire_ordonne = OrderedDict()
dictionnaire_ordonne['a'] = 1
dictionnaire_ordonne['b'] = 2
```

En somme, la gestion des types de données complexes en Python est essentielle pour le développement de programmes sophistiqués.

Ces structures de données permettent aux programmeurs de manipuler des informations de manière structurée et efficace, améliorant ainsi la qualité et la lisibilité du code. Comprendre ces types de données complexes et leur utilisation est un élément fondamental de la programmation avancée en Python.

c. Utilisation avancée des structures de contrôle

La programmation avancée en Python repose sur une compréhension approfondie des structures de contrôle, qui jouent un rôle central dans la gestion du flux d'exécution d'un programme. Si les structures de contrôle de base, telles que les boucles for et while ainsi que les instructions if, sont essentielles, une utilisation avancée de ces structures permet d'aborder des problèmes complexes avec une efficacité et une élégance supérieures. Dans cette exploration, nous examinerons en détail les techniques avancées d'utilisation des structures de contrôle en Python, en les illustrant par des exemples concrets.

Compréhension de Liste :

L'une des techniques les plus puissantes est la compréhension de liste, qui permet de générer des listes de manière concise. Par exemple, pour créer une liste contenant les carrés des nombres de 1 à 10, on peut utiliser la compréhension de liste :

python

```python
carres = [x**2 for x in range(1, 11)]
```

Cette approche permet d'éviter la nécessité d'une boucle explicite pour la création de la liste, réduisant ainsi la quantité de code et améliorant la lisibilité.

Générateurs et Expressions Générateurs :

Les générateurs sont des structures de contrôle qui génèrent des séquences d'éléments de manière paresseuse, c'est-à-dire à la demande, ce qui est particulièrement efficace pour le traitement de grands ensembles de données. Les expressions générateurs offrent une syntaxe concise pour créer des générateurs. Par exemple, voici un générateur infini de nombres pairs :

python

```python
def generateur_nombres_pairs():
    n = 0
    while True:
        yield n
        n += 2
```

Cet exemple montre comment les générateurs peuvent être utilisés pour produire des séquences de données de manière efficace.

Utilisation de l'instruction with :

L'instruction with est un outil essentiel pour simplifier la gestion de ressources telles que les fichiers. Elle garantit que les ressources sont correctement ouvertes et fermées, même en cas d'exception. Par exemple, en utilisant with, on peut ouvrir et lire un fichier de manière sécurisée :

python

```python
with open('mon_fichier.txt', 'r') as fichier:
    contenu = fichier.read()
# Le fichier est automatiquement fermé ici,
même en cas d'exception.
```

Cela permet d'éviter les fuites de ressources et d'améliorer la robustesse du code.

Compréhension de Dictionnaire :

Les compréhensions de dictionnaire sont une extension des listes comprises, permettant de créer des dictionnaires de manière concise. Par exemple, pour créer un dictionnaire des carrés des nombres de 1 à 5 :

python

```python
carres_dict = {x: x**2 for x in range(1, 6)}
```

Cette approche simplifie la création de dictionnaires en utilisant une syntaxe familière et compacte.

Utilisation de l'instruction else avec les boucles :

L'instruction else peut être utilisée avec les boucles for et while pour exécuter un bloc de code lorsque la boucle se termine normalement, c'est-à-dire sans être interrompue par une instruction break. Cela peut être utile pour gérer les cas où une boucle se termine avec succès. Par exemple, le code suivant recherche le nombre 3 dans une boucle for :

python

```python
for i in range(5):
    if i == 3:
        print("Nous avons trouvé 3 !")
        break
else:
    print("La boucle s'est terminée sans interruption.")
```

Cette utilisation de l'instruction else avec les boucles est un exemple de la manière dont Python permet de gérer les flux de contrôle de manière élégante.

Utilisation avancée de l'instruction if :

L'instruction if est étendue pour gérer des cas plus complexes en utilisant les clauses elif et else. Cela permet de mettre en œuvre des structures conditionnelles complexes. Par exemple, pour déterminer si un nombre est positif, négatif ou nul :

python

```python
nombre = -5
if nombre > 0:
    print("Le nombre est positif.")
elif nombre < 0:
    print("Le nombre est négatif.")
else:
    print("Le nombre est nul.")
```

Chapitre 2 : Programmation Orientée Objet en Python

a. Principes de la programmation orientée objet

La programmation orientée objet (POO) est un paradigme de programmation qui repose sur la notion d'objets, qui sont des entités autonomes contenant à la fois des données et des méthodes pour manipuler ces données. Les principes fondamentaux de la POO sont essentiels pour comprendre comment concevoir et implémenter des systèmes logiciels complexes. Dans cette exploration, nous examinerons en détail les concepts clés de la POO en Python, en les illustrant par des exemples concrets.

Classes et Objets :

La POO commence par la définition de classes. Une classe est un modèle ou un plan pour créer des objets. Les objets sont des instances de classes. Par exemple, une classe "Voiture" peut définir les caractéristiques et le comportement d'une voiture, tandis qu'un objet "Voiture1" est une instance spécifique de cette classe.

Encapsulation :

L'encapsulation est le principe qui consiste à regrouper les données et les méthodes qui les manipulent dans une classe. Les données sont généralement privées (c'est-à-dire, accessibles uniquement à l'intérieur de la classe) pour éviter les modifications non autorisées. Par exemple, une classe "CompteBancaire" encapsule le solde du compte et expose des méthodes pour le crédit et le débit.

Héritage :

L'héritage permet de créer de nouvelles classes (sous-classes) en utilisant des classes existantes (superclasses) comme modèles. Cela favorise la réutilisation du code et la création de hiérarchies de classes. Par exemple, une classe "Véhicule" peut être héritée pour créer des sous-classes telles que "Voiture" et "Moto", héritant ainsi des caractéristiques communes.

Polymorphisme :

Le polymorphisme permet à des objets de différentes classes de répondre de manière cohérente aux mêmes messages ou méthodes. Cela permet de traiter des objets de différentes classes de manière uniforme. Par exemple, une méthode "afficher_details()" peut être appelée sur différents objets "Véhicule", quel que soit le type spécifique du véhicule.

Abstraction :

L'abstraction consiste à simplifier la complexité en ignorant les détails inutiles et en se concentrant sur les aspects essentiels. Les classes abstraites permettent de définir des méthodes sans les implémenter, laissant les sous-classes fournir leur propre implémentation. Par exemple, une classe abstraite "Forme" peut définir une méthode "calculer_surface()" que les sous-classes "Cercle" et "Rectangle" doivent implémenter.

Méthodes et Attributs :

Les méthodes sont des fonctions associées à une classe et permettent de définir le comportement des objets de cette classe. Les attributs sont des variables associées à une classe et permettent de stocker les données. Par exemple, une classe "Personne" peut avoir une méthode "parler()" et des attributs tels que "nom" et "âge".

Instantiation d'Objets :

L'instantiation est le processus de création d'un objet à partir d'une classe. Une fois qu'une classe est définie, de multiples objets de cette classe peuvent être créés. Par exemple, pour créer une instance de la classe "Voiture", on utilise le constructeur de classe comme suit :

```python
ma_voiture = Voiture()
```

b. Classes et objets en Python

Les classes et les objets constituent les éléments fondamentaux de la programmation orientée objet (POO) en Python. Une classe est un modèle qui définit la structure et le comportement d'un objet, tandis qu'un objet est une instance spécifique d'une classe. La création et la manipulation d'objets à l'aide de classes sont au cœur de la POO en Python, permettant d'encapsuler des données et des fonctionnalités liées.

Définition de classes :

Pour définir une classe en Python, on utilise le mot-clé class, suivi du nom de la classe. Par exemple, voici comment définir une classe simple nommée "Personne" :

python

```python
class Personne:
    pass
```

La classe "Personne" est maintenant prête à être instanciée pour créer des objets de type "Personne".

Création d'objets :

L'instanciation est le processus de création d'objets à partir d'une classe. Une classe sert de modèle pour créer autant d'objets que nécessaire. Par exemple, pour créer une instance de la classe "Personne" et l'assigner à une variable, on utilise le constructeur de classe comme suit :

```python
individu = Personne()
```

À ce stade, "individu" est un objet de type "Personne" et possède les caractéristiques définies dans la classe "Personne".

Attributs de classe et d'instance :

Les attributs sont des variables associées à une classe ou à une instance d'une classe. Les attributs de classe sont partagés par toutes les instances de la classe, tandis que les attributs d'instance sont propres à chaque instance. Par exemple, une classe "Personne" peut avoir des attributs de classe tels que "nationalite" et des attributs d'instance tels que "nom" et "age".

python

```python
class Personne:
    nationalite = "Inconnue"  # Attribut de classe
    def __init__(self, nom, age):
        self.nom = nom  # Attribut d'instance
        self.age = age  # Attribut d'instance
```

Méthodes de classe et d'instance :

Les méthodes sont des fonctions associées à une classe ou à une instance. Les méthodes de classe agissent sur les attributs de classe, tandis que les méthodes d'instance agissent sur les attributs d'instance. Par exemple, une classe "Personne" peut avoir une méthode de classe pour changer la nationalité de toutes les instances et une méthode d'instance pour afficher les détails d'une personne particulière.

python

```python
class Personne:
    nationalite = "Inconnue"  # Attribut de classe
    def __init__(self, nom, age):
        self.nom = nom  # Attribut d'instance
        self.age = age  # Attribut d'instance
    def                       changer_nationalite(cls,
nouvelle_nationalite):
        cls.nationalite  =  nouvelle_nationalite    #
Méthode de classe
    def afficher_details(self):
        print(f"Nom : {self.nom}, Age : {self.age}")
# Méthode d'instance
```

Utilisation d'objets :

Les objets sont utilisés en invoquant leurs méthodes et en accédant à leurs attributs. Par exemple, pour créer une personne et afficher ses détails :

python

```python
individu = Personne("Alice", 30)
individu.afficher_details()
```

Cela affichera "Nom : Alice, Age : 30" en utilisant la méthode d'instance "afficher_details" de l'objet "individu".

c. Héritage et polymorphisme en Python

L'héritage et le polymorphisme sont deux concepts fondamentaux de la programmation orientée objet (POO) en Python, qui permettent de créer des hiérarchies de classes et de gérer des objets de manière uniforme. L'héritage permet la création de nouvelles classes basées sur des classes existantes, tandis que le polymorphisme permet à des objets de différentes classes de répondre de manière cohérente aux mêmes messages ou méthodes. Comprendre ces concepts est essentiel pour développer des systèmes logiciels flexibles et évolutifs.

Héritage :

L'héritage en Python permet la création de nouvelles classes, appelées sous-classes, en utilisant des classes existantes, appelées superclasses, comme modèles. Les sous-classes héritent des attributs et des méthodes des superclasses, ce qui favorise la réutilisation du code. Par exemple, une classe "Animal" peut être la superclasse de "Chien" et "Chat", ces dernières héritant ainsi des caractéristiques communes telles que la méthode "manger".

python

```python
class Animal:
    def manger(self):
        print("L'animal mange.")

class Chien(Animal):
```

```python
    def aboyer(self):
        print("Le chien aboie.")

class Chat(Animal):
    def ronronner(self):
        print("Le chat ronronne.")
```

Polymorphisme :

Le polymorphisme en Python permet à des objets de différentes classes de répondre de manière cohérente aux mêmes messages ou méthodes. Cela simplifie le traitement d'objets variés en les considérant comme des instances de la même classe de base. Par exemple, on peut invoquer la méthode "manger" sur des objets de différentes sous-classes d'"Animal" de manière uniforme.

python

```python
def faire_manger(animal):
    animal.manger()
```

```python
chien = Chien()
chat = Chat()

faire_manger(chien)   # Appel de la méthode
"manger" sur un chien
faire_manger(chat)     # Appel de la méthode
"manger" sur un chat
```

Méthodes spéciales :

Python offre des méthodes spéciales, également appelées méthodes magiques, qui permettent de personnaliser le comportement d'une classe lorsqu'elle est utilisée en conjonction avec l'héritage et le polymorphisme. Par exemple, la méthode __str__ permet de définir la représentation sous forme de chaîne d'un objet, ce qui est utile pour la sortie d'informations.

python

```python
class Animal:
    def __str__(self):
        return "Ceci est un animal."

class Chien(Animal):
    def __str__(self):
        return "Ceci est un chien."

chien = Chien()
animal = Animal()

print(chien)  # Affiche "Ceci est un chien."
print(animal)  # Affiche "Ceci est un animal."
```

Abstract Base Classes (ABC) :

Python prend en charge les classes abstraites de base (ABC), qui permettent de définir des classes abstraites avec des méthodes abstraites que les sous-classes doivent implémenter. Les ABC renforcent la structure des classes et garantissent que les sous-classes suivent une interface spécifique. Par exemple, on peut utiliser le module abc pour créer une classe abstraite "Forme" avec une méthode abstraite "aire".

python

from abc import ABC, abstractmethod

```python
class Forme(ABC):
    @abstractmethod
    def aire(self):
        pass

class Cercle(Forme):
    def __init__(self, rayon):
        self.rayon = rayon

    def aire(self):
        return 3.14 * self.rayon ** 2
```

Avantages de l'héritage et du polymorphisme :

L'héritage et le polymorphisme offrent une modularité et une réutilisation de code considérables. Ils simplifient la gestion de classes et d'objets en regroupant des fonctionnalités communes et en permettant le traitement uniforme d'objets de classes différentes. De plus, ils favorisent la mise à jour et l'extension du code de manière hiérarchique, ce qui facilite la maintenance et l'adaptation aux exigences changeantes.

Chapitre 3 : Gestion Avancée des Fonctions et des Modules

a. Fonctions avancées en Python

Les fonctions constituent un pilier fondamental de la programmation en Python, permettant de structurer le code en encapsulant des blocs d'instructions réutilisables. Cependant, Python offre également des fonctionnalités avancées qui enrichissent la puissance des fonctions et étendent leur utilité. Dans cette exploration, nous examinerons en détail ces fonctionnalités avancées, en les illustrant par des exemples concrets.

Fonctions lambda :

Les fonctions lambda, également appelées fonctions anonymes, permettent de créer de petites fonctions en une seule ligne. Elles sont utiles pour des opérations simples et peuvent être utilisées comme arguments de fonctions plus complexes. Par exemple, voici une fonction lambda qui calcule le carré d'un nombre :

python

```python
carre = lambda x: x**2
print(carre(5))  # Affiche 25
```

Décorateurs :

Les décorateurs sont des fonctions spéciales qui permettent de modifier le comportement d'autres fonctions. Ils sont couramment utilisés pour ajouter des fonctionnalités telles que la journalisation, l'authentification ou la mesure de performances à une fonction existante. Par exemple, voici un décorateur simple qui mesure le temps d'exécution d'une fonction :

python

```python
import time

def chronometrer(fonction):
  def wrapper(*args, **kwargs):
    debut = time.time()
    resultat = fonction(*args, **kwargs)
    fin = time.time()
    print(f"{fonction.__name__} a pris {fin - debut} secondes.")
    return resultat
  return wrapper

@chronometrer
def ma_fonction():
  # Code de la fonction
```

Fonctions récursives :

Les fonctions récursives sont des fonctions qui s'appellent elles-mêmes. Elles sont couramment utilisées pour résoudre des problèmes récursifs tels que le calcul de factorielles ou de suites mathématiques. Par exemple, voici une fonction récursive pour calculer le factoriel d'un nombre :

python

```python
def factoriel(n):
    if n == 0:
        return 1
    else:
        return n * factoriel(n-1)
```

Fonctions génératrices :

Les fonctions génératrices permettent de créer des itérables de manière paresseuse, c'est-à-dire en générant des valeurs à la demande. Elles sont particulièrement utiles pour le traitement de grandes quantités de données ou la génération d'ensembles infinis de données. Par exemple, voici une fonction génératrice qui génère les nombres pairs de 0 à n :

python

```python
def nombres_pairs(n):
    i = 0
    while i <= n:
        if i % 2 == 0:
            yield i
        i += 1
```

Fonctions map, filter et reduce :

Les fonctions intégrées map, filter et reduce permettent de manipuler des collections de données de manière élégante. La fonction map applique une fonction à chaque élément d'une séquence, filter filtre les éléments d'une séquence en fonction d'un prédicat, et reduce combine les éléments d'une séquence à l'aide d'une fonction. Par exemple, voici comment utiliser map pour doubler les éléments d'une liste :

python

```python
liste = [1, 2, 3, 4, 5]
resultat = map(lambda x: x * 2, liste)
nouvelle_liste = list(resultat)   # nouvelle_liste
contient [2, 4, 6, 8, 10]
```

**Fonctions avec des paramètres *args et kwargs :

Python permet de définir des fonctions avec un nombre variable d'arguments en utilisant *args pour les arguments positionnels et **kwargs pour les arguments clé-valeur. Cela offre une grande flexibilité dans la définition de fonctions qui peuvent accepter un nombre variable d'arguments. Par exemple, voici une fonction qui accepte un nombre variable d'arguments positionnels :

python

```python
def fonction_variable(*args):
    for argument in args:
        print(argument)
```

```python
fonction_variable(1, 2, 3)  # Affiche 1, 2, 3
```

b. *Modules et packages personnalisés*

Les modules et les packages personnalisés sont des éléments clés de l'organisation et de la structuration du code en Python. Ils permettent de regrouper des fonctions, des classes et des variables liées dans des fichiers distincts, ce qui favorise la réutilisation du code, la maintenabilité et la lisibilité du projet. Dans cette exploration, nous examinerons en détail la création et l'utilisation de modules et de packages personnalisés en Python.

Modules personnalisés :

Un module en Python est un fichier contenant des définitions de fonctions, de classes et de variables, ainsi que des instructions exécutables. Il permet de regrouper le code en fonctionnalités spécifiques et d'importer ces fonctionnalités dans d'autres fichiers. Par exemple, si nous avons un fichier "calcul.py" contenant une fonction de calcul simple, nous pouvons l'importer dans un autre fichier comme suit :

python

```python
# calcul.py
def addition(a, b):
    return a + b

# autre_fichier.py
import calcul

resultat = calcul.addition(5, 3)
print(resultat)  # Affiche 8
```

Packages personnalisés :

Un package en Python est un répertoire qui contient un ensemble de modules. Il permet d'organiser le code en sous-dossiers logiques, ce qui est particulièrement utile pour les projets complexes. Pour créer un package, il suffit de créer un répertoire contenant un fichier spécial appelé __init__.py, qui peut être vide. Par exemple, nous pouvons avoir une structure de package comme ceci :

markdown

```
mon_package/
   __init__.py
   module1.py
   module2.py
```

Importations de modules et packages :

Pour importer un module ou un package personnalisé dans un fichier Python, on utilise l'instruction import. Lors de l'importation d'un module, on peut également donner un alias pour simplifier l'accès aux fonctions ou aux classes. Par exemple, pour importer le module "calcul" avec un alias "calc" :

python

```
import calcul as calc

resultat = calc.addition(5, 3)
```

Accès aux éléments d'un module ou d'un package :

Une fois un module ou un package importé, on peut accéder à ses éléments en utilisant la notation "nom_du_module.nom_de_l_element". Par exemple, pour accéder à une fonction "ma_fonction" du module "mon_module", on écrit :

python

```
import mon_module
```

resultat = mon_module.ma_fonction()

Utilisation de modules dans des packages :

Lorsqu'on travaille avec des packages, on peut organiser le code de manière hiérarchique. Les modules à l'intérieur d'un package peuvent s'importer mutuellement. Par exemple, si le package "mon_package" contient les modules "module1" et "module2", "module1" peut importer "module2" de la manière suivante :

python

from mon_package import module2

resultat = module2.fonction_de_module2()

Création de packages avec __init__.py :

Le fichier __init__.py dans un répertoire de package peut contenir des définitions de fonctions, de classes ou d'autres variables que l'on souhaite rendre disponibles pour les autres modules du package. De plus, il est exécuté lorsque le package est importé, ce qui permet d'initialiser des valeurs ou de configurer le package. Par exemple, dans un fichier __init__.py :

python

```
# __init__.py
def fonction_dinitialisation():
  print("Initialisation du package mon_package.")

# Dans un autre module du package, on peut appeler cette fonction :
from mon_package import fonction_dinitialisation
fonction_dinitialisation()
```

c. Décorateurs et gestion avancée des exceptions

Les décorateurs et la gestion avancée des exceptions sont des aspects essentiels de la programmation Python, qui contribuent à la modularité, à la lisibilité du code et à la gestion des erreurs. Les décorateurs permettent de modifier le comportement des fonctions, tandis que la gestion avancée des exceptions offre des outils pour gérer les erreurs de manière précise et élégante. Dans cette exploration, nous examinerons en détail ces concepts, en les illustrant par des exemples concrets.

Décorateurs :

Les décorateurs en Python sont des fonctions spéciales qui permettent de modifier le comportement d'autres fonctions ou méthodes. Ils sont largement utilisés pour ajouter des fonctionnalités supplémentaires à des fonctions existantes, telles que la journalisation, l'authentification ou la mesure de performances. Un décorateur est une fonction qui prend une autre fonction comme argument, l'exécute et retourne une nouvelle fonction avec le comportement modifié. Par exemple, voici un décorateur qui mesure le temps d'exécution d'une fonction :

python

import time

```python
def chronometrer(fonction):
    def wrapper(*args, **kwargs):
        debut = time.time()
        resultat = fonction(*args, **kwargs)
        fin = time.time()
        print(f"{fonction.__name__} a pris {fin - debut} secondes.")
        return resultat
    return wrapper

@chronometrer
def ma_fonction():
    # Code de la fonction
```

Gestion avancée des exceptions :

Python offre une gestion avancée des exceptions qui permet de capturer, gérer et personnaliser les exceptions de manière plus précise. On peut utiliser des clauses except spécifiques pour traiter des types d'exceptions particuliers et lever des exceptions personnalisées en utilisant le mot-clé raise. Par exemple, voici comment capturer une exception spécifique et lever une exception personnalisée :

python

```python
try:
    resultat = 10 / 0
except ZeroDivisionError as e:
    print("Division par zéro détectée :", e)
    raise ValueError("Erreur personnalisée : Division par zéro interdite") from e
```

Création de décorateurs personnalisés :

Les développeurs peuvent créer leurs propres décorateurs personnalisés pour ajouter des fonctionnalités spécifiques à leurs fonctions. Cela se fait en définissant une fonction de décorateur qui modifie le comportement de la fonction cible. Par exemple, voici un décorateur personnalisé qui vérifie qu'un argument est positif :

python

```python
def verifier_positif(fonction):
    def wrapper(*args, **kwargs):
        if all(x > o for x in args):
            return fonction(*args, **kwargs)
        else:
            raise ValueError("Les arguments doivent
être positifs.")
    return wrapper

@verifier_positif
```

```python
def somme(a, b):
   return a + b

resultat = somme(2, 3)  # Fonctionne
resultat = somme(-2, 3)  # Lève une exception
```

Personnalisation des exceptions :

Python permet de créer des classes d'exception personnalisées en dérivant de la classe Exception ou de ses sous-classes. Cela facilite la gestion des erreurs spécifiques à une application ou à un module. Par exemple, voici comment créer une exception personnalisée pour une application de traitement de fichiers :

python

```python
class FichierIntrouvableErreur(Exception):
  def __init__(self, fichier):
    self.fichier = fichier
    super().__init__(f"Fichier introuvable : {fichier}")
```

```python
def ouvrir_fichier(fichier):
    if not fichier_existe(fichier):
        raise FichierIntrouvableErreur(fichier)
    # Autre code pour ouvrir le fichier
```

Utilisation des context managers :

Les context managers en Python, gérés à l'aide de l'instruction with, sont utiles pour gérer proprement les ressources, telles que les fichiers ou les connexions à une base de données. Ils garantissent que les ressources sont correctement acquises et libérées, même en cas d'exception. Par exemple, pour ouvrir un fichier en utilisant un context manager :

python

```python
with open("mon_fichier.txt", "r") as fichier:
    contenu = fichier.read()
# Le fichier est automatiquement fermé à la fin
du bloc `with`.
```

Chapitre 4 : Manipulation de Données avec NumPy

a. Manipulation avancée des tableaux

La manipulation avancée des tableaux est essentielle en programmation, notamment dans des domaines tels que la science des données et le développement d'applications. Python offre de puissantes bibliothèques et des fonctionnalités pour effectuer des opérations sophistiquées sur les tableaux. Dans cette exploration, nous aborderons en détail les techniques avancées de manipulation de tableaux en Python, en illustrant chaque concept par des exemples concrets.

Bibliothèque NumPy :

NumPy est une bibliothèque Python qui offre des structures de données pour représenter des tableaux multidimensionnels ainsi qu'un ensemble de fonctions pour effectuer des opérations sur ces tableaux. Elle est largement utilisée dans le domaine de la science des données, de la recherche scientifique et de l'ingénierie. Voici comment créer et effectuer des opérations sur un tableau NumPy :

python

```
import numpy as np

tableau = np.array([1, 2, 3, 4, 5])
resultat = tableau * 2
```

Filtres et masques :

La création de masques est courante pour filtrer les données dans un tableau en fonction de certaines conditions. NumPy permet de créer des masques de manière efficace en utilisant des opérations booléennes. Par exemple, pour filtrer uniquement les éléments pairs d'un tableau :

python

import numpy as np

tableau = np.array([1, 2, 3, 4, 5])
masque = tableau % 2 == 0
resultat = tableau[masque] # Contient [2, 4]

Opérations de réduction :

NumPy offre un ensemble d'opérations de réduction pour obtenir des statistiques à partir de tableaux, telles que la somme, la moyenne, l'écart type, etc. Par exemple, pour calculer la moyenne d'un tableau :

python

import numpy as np

```python
tableau = np.array([1, 2, 3, 4, 5])
moyenne = np.mean(tableau)  # Renvoie 3.0
```

Opérations de transformation :

Il est possible de réaliser diverses opérations de transformation sur les tableaux, comme la transposition, la concaténation et le changement de forme. Par exemple, pour transposer un tableau NumPy :

python

```python
import numpy as np

tableau = np.array([[1, 2], [3, 4]])
transpose = tableau.T
```

Groupement de données :

La bibliothèque Pandas est couramment utilisée pour la manipulation de données tabulaires, appelées DataFrames. Elle offre des fonctionnalités avancées de groupement, de filtrage et d'agrégation de données. Par exemple, pour regrouper des données par une colonne et calculer la somme des valeurs de chaque groupe :

python

```python
import pandas as pand

donnees = pand.DataFrame({'Groupe': ['A', 'B', 'A', 'B'], 'Valeur': [1, 2, 3, 4]})
resultat = donnees.groupby('Groupe')['Valeur'].sum()
```

Opérations vectorisées :

L'une des forces de NumPy réside dans ses opérations vectorisées qui permettent d'appliquer des fonctions sur l'ensemble d'un tableau sans nécessiter de boucles explicites. Cela améliore la performance et la lisibilité du code. Par exemple, pour appliquer une fonction personnalisée à chaque élément d'un tableau :

python

import numpy as np

```python
tableau = np.array([1, 2, 3, 4, 5])
resultat = np.vectorize(lambda x: x ** 2)(tableau)
```

b. Opérations vectorisées et calculs avancés

Les opérations vectorisées et les calculs avancés jouent un rôle fondamental dans la manipulation et le traitement de données en Python. Grâce à des bibliothèques telles que NumPy, SciPy et pandas, les développeurs peuvent effectuer des calculs sophistiqués sur des tableaux de données de manière efficace. Cette exploration détaillera l'utilisation des opérations vectorisées et des fonctions avancées pour réaliser des tâches complexes en Python, tout en fournissant des exemples concrets pour illustrer ces concepts.

Opérations vectorisées avec NumPy :

NumPy est une bibliothèque Python essentielle pour la manipulation de tableaux multidimensionnels. L'une de ses caractéristiques distinctives est la prise en charge d'opérations vectorisées, qui permettent d'effectuer des calculs sur l'ensemble d'un tableau sans boucles explicites. Par exemple, pour ajouter deux tableaux NumPy, il suffit de faire :

python

```python
import numpy as np

a = np.array([1, 2, 3])
b = np.array([4, 5, 6])
resultat = a + b
```

Fonctions universelles (ufuncs) :

NumPy offre un large éventail de fonctions universelles (ufuncs) qui peuvent être appliquées de manière élémentaire aux tableaux, ce qui permet d'effectuer des opérations mathématiques, trigonométriques, logiques et autres. Par exemple, pour calculer la racine carrée de tous les éléments d'un tableau :

python

```python
import numpy as np

tableau = np.array([1, 4, 9, 16])
racine = np.sqrt(tableau)
```

Fonctions avancées de réduction :

NumPy propose des fonctions de réduction avancées telles que sum(), mean(), std(), qui permettent de calculer des statistiques sur les tableaux. Ces fonctions peuvent être utilisées avec des axes spécifiques pour effectuer des calculs sur des sous-ensembles de tableaux multidimensionnels. Par exemple, pour calculer la somme le long des colonnes d'un tableau 2D :

python

import numpy as np

```python
tableau = np.array([[1, 2, 3], [4, 5, 6]])
somme_colonnes = np.sum(tableau, axis=0)
```

Fonctions d'agrégation personnalisées :

NumPy permet également de créer des fonctions d'agrégation personnalisées pour effectuer des calculs complexes sur des tableaux. Ces fonctions peuvent être appliquées à l'aide de la méthode apply_along_axis(). Par exemple, pour calculer la médiane le long des lignes d'un tableau :

python

```python
import numpy as np

tableau = np.array([[1, 2, 3], [4, 5, 6]])
median_lignes = np.apply_along_axis(lambda x: np.median(x), axis=1, arr=tableau)
```

Calculs avancés avec SciPy :

La bibliothèque SciPy étend les fonctionnalités de NumPy en proposant des fonctions avancées pour l'optimisation, l'algèbre linéaire, la statistique, et bien plus encore. Par exemple, pour résoudre une équation différentielle ordinaire :

python

```python
from scipy.integrate import odeint

def modele(y, t):
    dydt = -2 * y
```

    return dydt

```python
yo = 1.0
temps = np.linspace(0, 5, 11)
resultat = odeint(modele, yo, temps)
```

Analyse de données avec pandas :

La bibliothèque pandas est largement utilisée pour l'analyse de données. Elle offre des outils pour effectuer des calculs avancés sur des DataFrames, y compris des regroupements, des pivots, et des opérations de fusion. Par exemple, pour regrouper des données et calculer la moyenne par groupe :

python

```python
import pandas as pand

donnees = pand.DataFrame({'Groupe': ['A', 'B', 'A', 'B'], 'Valeur': [1, 2, 3, 4]})
```

```python
resultat                                    =
donnees.groupby('Groupe')['Valeur'].mean()
```

Chapitre 5 : Traitement et Analyse de Données avec Pandas

a. Exploration et nettoyage des données

L'exploration et le nettoyage des données sont des étapes cruciales dans tout projet de traitement de données. En Python, plusieurs bibliothèques, telles que pandas, NumPy et matplotlib, offrent des outils avancés pour faciliter ces tâches. Cette exploration détaillera les méthodes d'exploration et de nettoyage des données en Python, en fournissant des exemples concrets pour illustrer ces concepts.

Exploration des données :

L'exploration des données commence par la compréhension de l'ensemble de données. À l'aide de pandas, les développeurs peuvent charger les données, afficher les premières lignes, identifier les colonnes et leurs types, et obtenir des statistiques descriptives de base. Par exemple, pour lire un fichier CSV et afficher les premières lignes d'un DataFrame :

python

```python
import pandas as pd

donnees = pd.read_csv('donnees.csv')
premieres_lignes = donnees.head()
informations = donnees.info()
statistiques = donnees.describe()
```

Gestion des valeurs manquantes :

Les données réelles peuvent contenir des valeurs manquantes. pandas offre des méthodes pour détecter, traiter et remplir ces valeurs. Par exemple, pour remplir les valeurs manquantes d'une colonne par la moyenne de cette colonne :

python

```
donnees['colonne'].fillna(donnees['colonne'].mean(), inplace=True)
```

Détection des valeurs aberrantes :

Les valeurs aberrantes sont des valeurs extrêmes qui peuvent fausser l'analyse des données. pandas permet de détecter les valeurs aberrantes en utilisant des méthodes statistiques comme la méthode des écarts types. Par exemple, pour détecter et supprimer les valeurs aberrantes d'une colonne :

python

```
ecart_type = donnees['colonne'].std()
seuil = 2 * ecart_type
donnees_filtrees = donnees[abs(donnees['colonne'] - donnees['colonne'].mean()) < seuil]
```

Visualisation des données :

La visualisation des données est un moyen puissant d'explorer les tendances et les modèles. Matplotlib, une bibliothèque de visualisation en Python, permet de créer des graphiques personnalisés. Par exemple, pour tracer un histogramme d'une colonne :

python

```
import matplotlib.pyplot as plt

donnees['colonne'].plot.hist()
plt.xlabel('Valeur')
plt.ylabel('Fréquence')
plt.title('Histogramme de la colonne')
plt.show()
```

Transformation des données :

Il est souvent nécessaire de transformer les données pour les rendre plus adaptées à l'analyse. pandas permet de créer de nouvelles colonnes, d'appliquer des fonctions aux données existantes, et de regrouper les données en fonction de certaines caractéristiques. Par exemple, pour créer une nouvelle colonne en appliquant une fonction à une colonne existante :

python

```python
donnees['nouvelle_colonne'] = donnees['colonne'].apply(lambda x: x**2)
```

Exportation des données nettoyées :

Une fois que les données ont été explorées et nettoyées, il est important de les exporter pour les utiliser dans d'autres phases du projet. pandas permet d'exporter les données nettoyées dans divers formats, tels que CSV ou Excel. Par exemple, pour exporter un DataFrame dans un fichier CSV :

python

```python
donnees.to_csv('donnees_propres.csv',
index=False)
```

b. *Agrégation et analyse de données avancées*

L'agrégation et l'analyse de données avancées sont des étapes essentielles dans la transformation de données brutes en informations significatives. Python offre un éventail de bibliothèques, dont pandas, SciPy, et scikit-learn, pour effectuer ces tâches de manière efficace. Cette exploration se concentrera sur les techniques d'agrégation et d'analyse de données avancées en Python, en illustrant chaque concept par des exemples pratiques.

Agrégation des données :

L'agrégation des données consiste à résumer et à regrouper les données en fonction de caractéristiques spécifiques. Avec pandas, on peut utiliser des fonctions telles que groupby() pour regrouper les données en fonction de colonnes clés, puis appliquer des fonctions d'agrégation telles que la somme, la moyenne, ou la médiane. Par exemple, pour calculer la somme des ventes par catégorie dans un DataFrame :

python

```python
import pandas as pd

donnees = pd.read_csv('ventes.csv')
resultat = donnees.groupby('Catégorie')['Ventes'].sum()
```

Analyse statistique avancée :

Les bibliothèques telles que SciPy et statsmodels offrent un large éventail de méthodes pour effectuer des analyses statistiques avancées, telles que les tests d'hypothèses, les régressions, et l'analyse de variance. Par exemple, pour effectuer une régression linéaire sur des données :

python

```python
from scipy import stats

x = [1, 2, 3, 4, 5]
y = [2, 3, 5, 4, 6]
pente, intercept, r_value, p_value, std_err = stats.linregress(x, y)
```

Traitement des données manquantes :

La gestion des données manquantes est cruciale lors de l'agrégation et de l'analyse des données. Avec pandas, on peut utiliser des méthodes telles que dropna() pour supprimer les lignes ou les colonnes contenant des données manquantes, ou fillna() pour remplir les valeurs manquantes avec des données appropriées. Par exemple, pour supprimer les lignes avec des données manquantes :

python

donnees_propres = donnees.dropna()

Analyse de séries temporelles :

L'analyse de séries temporelles est courante dans de nombreuses applications. pandas offre des outils pour traiter et analyser des données chronologiques. Par exemple, pour tracer une série temporelle et effectuer une décomposition saisonnière :

python

import pandas as pd

donnees = pd.read_csv('ventes_temporelles.csv')

```python
donnees['Date'] = pd.to_datetime(donnees['Date'])
donnees = donnees.set_index('Date')
donnees['Ventes'].plot()
```

Analyse de données non structurées :

L'analyse de données non structurées, telles que le texte ou les images, est de plus en plus courante. Des bibliothèques telles que NLTK (Natural Language Toolkit) ou OpenCV (Open Source Computer Vision Library) offrent des outils pour analyser des données non structurées. Par exemple, pour effectuer une analyse de sentiment sur du texte :

python

```python
from nltk.sentiment import SentimentIntensityAnalyzer

analyseur_sentiment = SentimentIntensityAnalyzer()
```

sentiment =
analyseur_sentiment.polarity_scores("C'est une journée ensoleillée et agréable.")

Apprentissage automatique et analyse prédictive :

L'agrégation et l'analyse de données avancées préparent souvent le terrain pour l'application de techniques d'apprentissage automatique. Des bibliothèques telles que scikit-learn offrent des outils pour construire des modèles prédictifs à partir de données. Par exemple, pour entraîner un modèle de régression logistique :

python

```
from sklearn.linear_model import LogisticRegression

modele = LogisticRegression()
modele.fit(X, y)
```

Chapitre 6 : Communication Réseau et Programmation Asynchrone

a. Programmation asynchrone avec asyncio

La programmation asynchrone est une technique essentielle pour gérer efficacement les opérations d'entrée/sortie (E/S) et améliorer les performances des applications Python. La bibliothèque asyncio, introduite dans Python 3.3, offre un cadre pour écrire du code asynchrone de manière plus lisible et structurée. Cette exploration se concentrera sur les concepts de la programmation asynchrone avec asyncio en Python, en expliquant comment gérer des tâches concurrentes, gérer les événements et exploiter la non-blocante.

Les coroutines et les tâches :

La base de la programmation asynchrone en Python est l'utilisation de coroutines. Les coroutines sont des fonctions spéciales marquées par le mot-clé async. Elles permettent de suspendre leur exécution sans bloquer le fil d'exécution. Les tâches sont des instances de coroutines qui s'exécutent de manière concurrente. Par exemple, voici comment créer une coroutine et l'exécuter en tant que tâche :

python

```python
import asyncio

async def ma_coroutine():
    print("Début de la coroutine")
    await asyncio.sleep(1)
    print("Fin de la coroutine")

asyncio.run(ma_coroutine())
```

Gestion des événements :

Asyncio offre un boucle d'événements qui gère l'ordonnancement et la coordination des coroutines. La boucle d'événements permet aux coroutines de s'exécuter de manière concurrente et de réagir aux événements E/S sans bloquer le programme. Par exemple, voici comment créer et exécuter plusieurs coroutines de manière concurrente :

python

```python
import asyncio

async def tache1():
    # Opérations asynchrones

async def tache2():
    # Opérations asynchrones

loop = asyncio.get_event_loop()
loop.run_until_complete(asyncio.gather(tache1(), tache2()))
```

Attente non bloquante :

L'attente non bloquante est un concept clé en programmation asynchrone. Grâce à l'instruction await, une coroutine peut suspendre son exécution jusqu'à ce qu'une opération E/S se termine. Cela permet à d'autres coroutines de s'exécuter pendant l'attente, améliorant ainsi l'efficacité globale du programme. Par exemple, l'utilisation de await pour attendre une opération de somme asynchrone :

python

```python
import asyncio

async def somme_asynchrone(a, b):
    result = a + b
    await asyncio.sleep(1)
    return result
```

```python
async def effectuer_calcul():
    resultat = await somme_asynchrone(2, 3)
    print(resultat)

asyncio.run(effectuer_calcul())
```

Gestion des exceptions :

La gestion des exceptions est un aspect important de la programmation asynchrone. Les exceptions levées dans une coroutine peuvent être gérées à l'aide de blocs try...except. Il est également possible de gérer les exceptions levées par plusieurs coroutines en utilisant asyncio.gather(). Par exemple, la gestion d'exceptions dans des tâches asynchrones :

python

```python
import asyncio

async def tache1():
```

```python
    raise Exception("Une erreur s'est produite")

async def tache2():
    await asyncio.sleep(1)

try:
    loop = asyncio.get_event_loop()

loop.run_until_complete(asyncio.gather(tache1
(), tache2()))
except Exception as e:
    print(f"Exception : {e}")
```

Parallélisme :

La programmation asynchrone permet d'exploiter le parallélisme en exécutant plusieurs coroutines simultanément. Cela est particulièrement utile pour les opérations E/S intensives, telles que les requêtes réseau. Par exemple, l'utilisation de la programmation asynchrone pour effectuer plusieurs requêtes HTTP en parallèle :

```python
python

import asyncio
import aiohttp

async def effectuer_requetes():
    async with aiohttp.ClientSession() as session:
        taches = [effectuer_requete(session, url) for
url in urls]
        await asyncio.gather(*taches)

asyncio.run(effectuer_requetes())
```

Concurrence asynchrone et performances :

La programmation asynchrone améliore les
performances des applications en réduisant
l'attente. En permettant à de multiples tâches
d'être exécutées simultanément, les
applications peuvent tirer parti du parallélisme,
ce qui est particulièrement avantageux dans les
applications de type serveur, les applications

Web et l'automatisation de tâches. La gestion de plusieurs connexions réseau simultanées, la gestion de longues tâches d'arrière-plan et la réactivité accrue des applications sont quelques-uns des avantages de la programmation asynchrone.

b. Création de serveurs et clients asynchrones

La création de serveurs et clients asynchrones est une application courante de la programmation asynchrone en Python. Cette approche permet de gérer efficacement de nombreuses connexions simultanées, qu'il s'agisse de serveurs Web, de services réseau ou d'applications de messagerie. En utilisant la bibliothèque asyncio, les développeurs peuvent concevoir des serveurs et clients réactifs et performants. Cette exploration se concentrera sur les concepts de création de serveurs et clients asynchrones, en mettant en évidence la gestion des connexions, l'évolutivité, et la communication réseau.

Création d'un serveur asynchrone :

La création d'un serveur asynchrone commence par la définition d'une coroutine qui écoute les connexions entrantes. La bibliothèque asyncio fournit des outils pour gérer les sockets de manière asynchrone. Par exemple, voici comment créer un serveur asynchrone simple qui écoute sur un port donné :

python

```python
import asyncio

async def gerer_client(reader, writer):
    # Logique de gestion du client

async def demarrer_serveur():
```

```python
    serveur = await asyncio.start_server(gerer_client, '127.0.0.1', 8888)
    async with serveur:
        await serveur.serve_forever()

asyncio.run(demarrer_serveur())
```

Création d'un client asynchrone :

La création d'un client asynchrone consiste à établir une connexion vers un serveur distant de manière non bloquante. La bibliothèque asyncio offre la possibilité de gérer les connexions réseau de manière efficace. Voici comment créer un client asynchrone qui se connecte à un serveur distant :

python

```python
import asyncio

async def se_connecter_au_serveur():
```

```python
    reader, writer = await asyncio.open_connection('127.0.0.1', 8888)
    # Logique de communication avec le serveur

asyncio.run(se_connecter_au_serveur())
```

Gestion de nombreuses connexions :

L'un des avantages de la programmation asynchrone est la capacité à gérer efficacement de nombreuses connexions simultanées. Les serveurs et clients asynchrones peuvent gérer des centaines voire des milliers de connexions en parallèle sans nécessiter de threads ou de processus supplémentaires. Cette évolutivité est essentielle pour les applications à forte demande, telles que les serveurs Web.

Communication réseau asynchrone :

La communication entre le serveur et le client se fait de manière asynchrone, ce qui permet aux deux parties de s'exécuter de manière concurrente. Les coroutines sont utilisées pour lire et écrire des données sur la connexion réseau sans bloquer le reste du programme. Par exemple, voici comment un serveur peut recevoir des données d'un client de manière asynchrone :

python

```python
import asyncio

async def gerer_client(reader, writer):
    data = await reader.read(100)
    message = data.decode()
    addr = writer.get_extra_info('peername')
    print(f"Reçu {message!r} de {addr!r}")

    print("Envoyer: %r" % message)
    writer.write(data)
    await writer.drain()
```

Protocoles asynchrones :

La création de serveurs et clients asynchrones nécessite souvent la définition de protocoles de communication personnalisés. Les protocoles décrivent la manière dont les données sont structurées et interprétées. Python offre des bibliothèques, telles que "asyncio.Protocol", pour simplifier la création de protocoles asynchrones. Les développeurs peuvent personnaliser ces protocoles en fonction des besoins de leur application.

Sécurité et robustesse :

La création de serveurs et clients asynchrones doit prendre en compte des aspects de sécurité, tels que la gestion des connexions chiffrées, ainsi que la robustesse pour gérer les erreurs et les pannes de manière adéquate. Les serveurs et clients asynchrones doivent être capables de récupérer en cas d'erreurs inattendues, de gérer correctement les exceptions, et de garantir la fiabilité des connexions.

Chapitre 7 : Traitement de Données en Temps Réel

a. Streaming de données avec Python

Le streaming de données est un concept clé dans le traitement et la manipulation de flux continus de données, que ce soit des flux de données en direct, des fichiers volumineux ou des flux réseau. Python offre une variété de bibliothèques et d'outils pour traiter ces flux de manière efficace. Cette exploration se concentrera sur les concepts fondamentaux du streaming de données avec Python, en mettant en lumière la lecture, la transformation et l'écriture de flux de données.

Lecture de flux de données :

La lecture de flux de données est la première étape du streaming. Python propose diverses méthodes pour lire des flux de données en temps réel, tels que la lecture de fichiers ligne par ligne, l'écoute de flux réseau ou la consommation de données depuis des capteurs. Par exemple, voici comment lire un fichier ligne par ligne :

python

```python
with open('donnees.txt', 'r') as file:
    for ligne in file:
        process(ligne)
```

Transformation de flux de données :

Une fois les données lues, il est courant de les transformer. Python offre des outils tels que les list comprehensions, les générateurs et les fonctions de transformation de flux pour modifier les données en continu. Par exemple, pour filtrer et transformer des données :

python

```python
donnees = [1, 2, 3, 4, 5, 6]
donnees_transformees = [x * 2 for x in donnees
if x % 2 == 0]
```

Écriture de flux de données :

L'écriture de données transformées est une étape cruciale du streaming. Python permet d'écrire des données dans des fichiers, des bases de données ou d'autres destinations en continu. Par exemple, voici comment écrire des données transformées dans un fichier :

python

```python
with open('resultat.txt', 'w') as file:
    for element in donnees_transformees:
        file.write(str(element) + '\n')
```

Streaming en temps réel :

Python prend en charge le streaming en temps réel, ce qui signifie que le traitement et la transformation des données se font au fur et à mesure de leur arrivée. Cela est particulièrement utile pour les applications de surveillance, d'analyse de flux en direct ou de traitement de données en continu.

Gestion de données volumineuses :

Le streaming de données est essentiel pour gérer des volumes importants de données sans consommer beaucoup de mémoire. Cela permet de traiter des fichiers volumineux, d'analyser des flux de données en temps réel ou de manipuler des données de capteurs en temps réel sans compromettre les performances de l'application.

Bibliothèques et frameworks pour le streaming :

Python dispose de bibliothèques puissantes telles que Apache Kafka, Apache Flink, et

Apache Spark qui facilitent le streaming de données à grande échelle. Ces outils offrent des fonctionnalités avancées telles que la distribution, la parallélisation et le traitement distribué pour répondre aux besoins complexes de traitement de données en continu.

b. Analyse et visualisation en temps réel

L'analyse et la visualisation en temps réel des données sont des composants essentiels de nombreuses applications modernes, de la surveillance des réseaux sociaux à la gestion de systèmes critiques en passant par la surveillance environnementale. Python offre un écosystème riche de bibliothèques pour réaliser ces tâches de manière efficace. Cette exploration se penchera sur les concepts fondamentaux de l'analyse et de la visualisation en temps réel en Python, en soulignant les méthodes de collecte de données, les bibliothèques de traitement, et les outils de visualisation en temps réel.

Collecte de données en temps réel :

La collecte de données en temps réel est la première étape de l'analyse en temps réel. Python offre de nombreuses options pour collecter des données, que ce soit à partir de capteurs, de flux de données en direct ou de sources externes telles que les réseaux sociaux. Par exemple, l'utilisation de la bibliothèque "requests" pour collecter des données à partir d'une API en temps réel :

```python
import requests

response = requests.get('https://api.example.com/data')
data = response.json()
```

Traitement en temps réel :

Une fois que les données sont collectées, elles doivent souvent être traitées en temps réel pour effectuer des calculs, des agrégations ou des analyses en continu. Python propose des bibliothèques telles que Pandas et NumPy pour le traitement efficace de données en temps réel. Par exemple, le calcul d'une moyenne mobile en temps réel :

python

```python
import pandas as pd

data_stream = pd.Series([1, 2, 3, 4, 5, ...])
moving_average = data_stream.rolling(window=3).mean()
```

Visualisation en temps réel :

La visualisation des données en temps réel est essentielle pour comprendre rapidement les tendances, les anomalies ou les modèles émergents. Python propose des bibliothèques comme Matplotlib, Seaborn et Plotly pour créer des graphiques en temps réel. Par exemple, la création d'un graphique de suivi en temps réel :

python

```python
import matplotlib.pyplot as plt

data_stream = [1, 2, 3, 4, 5, ...]
plt.ion()  # Mode interactif
fig, ax = plt.subplots()
for data_point in data_stream:
    ax.plot(data_point)
    plt.pause(1)
```

Gestion des flux de données :

Pour l'analyse en temps réel, il est crucial de gérer efficacement les flux de données entrants. Python propose des bibliothèques telles que Kafka, RabbitMQ et Apache Pulsar pour la gestion des flux de données et la mise à l'échelle de l'infrastructure.

Détection d'anomalies :

Dans de nombreuses applications, il est essentiel de détecter rapidement les anomalies en temps réel. Python propose des techniques telles que les méthodes statistiques, les algorithmes d'apprentissage automatique et la détection de changement pour identifier les comportements anormaux dans les données en continu.

Applications de l'analyse en temps réel :

L'analyse et la visualisation en temps réel trouvent des applications dans une multitude de domaines, notamment la surveillance des performances des applications, la détection d'incidents de sécurité, la surveillance environnementale, la gestion des réseaux sociaux et la visualisation des données financières en temps réel. Ces domaines démontrent l'importance de l'analyse et de la visualisation en temps réel pour une prise de décision rapide et éclairée.

Chapitre 8 : Développement d'Applications avec PyQt

a. Création d'applications desktop avancées

La création d'applications desktop avancées est une composante essentielle de l'informatique moderne, permettant aux développeurs de concevoir des applications riches en fonctionnalités avec des interfaces utilisateur interactives. Python offre plusieurs bibliothèques et frameworks pour développer des applications desktop, dont Tkinter, PyQt, et wxPython. Cette exploration se concentrera sur les concepts fondamentaux de la création d'applications desktop avancées en Python, mettant en avant la création d'interfaces utilisateur, la gestion d'événements, et l'intégration de fonctionnalités avancées.

Création d'interfaces utilisateur interactives :

L'interface utilisateur est un élément clé des applications desktop. Python offre des bibliothèques telles que Tkinter, qui permettent de concevoir des interfaces utilisateur interactives. Par exemple, voici comment créer une fenêtre simple avec un bouton en utilisant Tkinter :

python

```python
import tkinter as tk

fenetre = tk.Tk()
bouton = tk.Button(fenetre, text="Cliquez-moi")
bouton.pack()
fenetre.mainloop()
```

Gestion d'événements :

La gestion d'événements est essentielle pour répondre aux actions de l'utilisateur, tels que les clics de souris ou les saisies clavier. Python facilite la gestion d'événements grâce à ses bibliothèques d'interface utilisateur. Par exemple, la gestion d'un clic de bouton en Tkinter :

python

```python
def action_bouton():
    print("Bouton cliqué!")

bouton = tk.Button(fenetre, text="Cliquez-moi", command=action_bouton)
```

Intégration de fonctionnalités avancées :

Les applications desktop avancées nécessitent souvent l'intégration de fonctionnalités avancées, telles que la gestion de bases de données, la communication réseau, et l'accès aux API externes. Python offre de nombreuses bibliothèques et outils pour ces tâches, ce qui permet d'ajouter des fonctionnalités avancées à vos applications.

Création d'applications multiplateformes :

Python permet de créer des applications desktop multiplateformes grâce à des bibliothèques telles que PyQt et Kivy. Ces bibliothèques permettent de développer une application qui fonctionne sur différentes plateformes, telles que Windows, macOS et Linux, sans avoir à réécrire le code pour chaque plateforme.

Interface utilisateur avancée :

Les applications desktop avancées peuvent bénéficier d'une interface utilisateur riche et soignée. Les bibliothèques d'interface utilisateur Python offrent des composants pour créer des interfaces utilisateur avancées, notamment des fenêtres modales, des onglets, des arbres, et des graphiques.

Déploiement et distribution :

Une fois votre application desktop avancée développée, Python facilite également le déploiement et la distribution sur différentes plateformes. Vous pouvez créer des fichiers exécutables autonomes, des paquets d'installation ou même des applications en conteneur pour faciliter le déploiement de votre application.

b. Communication avec des bases de données

La communication avec des bases de données est une compétence fondamentale dans le développement d'applications, permettant de stocker, de récupérer et de manipuler des données de manière efficace. Python offre une variété de bibliothèques et de modules pour interagir avec des bases de données relationnelles et non relationnelles. Cette exploration se concentrera sur les concepts clés de la communication avec des bases de données en Python, mettant en avant la connexion aux bases de données, l'exécution de requêtes, la gestion des transactions, et l'utilisation de bases de données non relationnelles.

Connexion aux bases de données :

La première étape pour communiquer avec une base de données en Python est d'établir une connexion. Python prend en charge une grande variété de bases de données, telles que MySQL, PostgreSQL, SQLite, MongoDB, et bien d'autres. Par exemple, pour se connecter à une base de données SQLite :

python

```
import sqlite3

conn = sqlite3.connect('ma_base_de_donnees.db')
```

Exécution de requêtes SQL :

Une fois la connexion établie, vous pouvez exécuter des requêtes SQL pour interagir avec la base de données. Python permet d'exécuter des requêtes de lecture, d'écriture et de modification de données. Voici un exemple d'exécution d'une requête de sélection en utilisant SQLite :

python

```
cur = conn.cursor()
cur.execute('SELECT * FROM ma_table')
resultats = cur.fetchall()
```

Gestion des transactions :

La gestion des transactions est essentielle pour maintenir la cohérence des données. Python prend en charge les transactions en utilisant des blocs "try...except" pour gérer les erreurs et en utilisant les méthodes "commit()" et "rollback()"

pour valider ou annuler les modifications. Voici un exemple de gestion de transaction en PostgreSQL :

python

```
import psycopg2

conn = psycopg2.connect('ma_base_de_donnees')
cur = conn.cursor()
try:
    cur.execute('INSERT INTO ma_table (colonne) VALUES (%s)', ('valeur',))
    conn.commit()
except:
    conn.rollback()
```

Utilisation de bases de données non relationnelles :

Outre les bases de données relationnelles, Python prend en charge la communication avec des bases de données non relationnelles telles que MongoDB. Pour se connecter à une base de données MongoDB, vous pouvez utiliser la bibliothèque pymongo :

python

```python
from pymongo import MongoClient

client = MongoClient('localhost', 27017)
db = client.ma_base_de_donnees
collection = db.ma_collection
```

Utilisation de bibliothèques d'ORM :

Python offre des bibliothèques d'ORM (Object-Relational Mapping) telles que SQLAlchemy qui facilitent la communication avec les bases de données relationnelles. Les ORM permettent de représenter les tables de la base de données sous forme d'objets Python, simplifiant ainsi l'interaction avec la base de données.

Sécurité et bonnes pratiques :

La sécurité des données est cruciale lors de la communication avec des bases de données. Python encourage l'utilisation de requêtes paramétrées pour prévenir les attaques par injection SQL. Il est également recommandé de chiffrer les communications avec la base de données et de limiter les privilèges d'accès pour garantir la confidentialité des données.

Chapitre 9 : Parallélisme et Calcul Haute Performance

a. Introduction au parallélisme en Python

Le parallélisme est un concept clé de la programmation moderne, permettant d'exécuter des tâches en parallèle pour améliorer les performances d'une application. Python offre plusieurs approches pour introduire le parallélisme, notamment l'utilisation de threads, de processus et de programmation asynchrone. Cette exploration se concentrera sur les concepts fondamentaux du parallélisme en Python, mettant en avant les avantages, les défis et les différentes techniques pour exploiter le parallélisme de manière efficace.

Threading en Python :

Le threading est l'une des approches courantes pour introduire le parallélisme en Python. Il permet d'exécuter plusieurs threads en parallèle dans un même processus. Cependant, en raison du GIL (Global Interpreter Lock) de Python, le threading est plus adapté aux tâches d'E/S (entrée/sortie) qu'aux calculs intensifs. Voici un exemple simple de threading en Python :

python

```python
import threading

def tache():
    for _ in range(1000000):
        pass

# Créer deux threads
thread1 = threading.Thread(target=tache)
thread2 = threading.Thread(target=tache)

# Démarrer les threads
thread1.start()
```

```python
thread2.start()

# Attendre la fin des threads
thread1.join()
thread2.join()
```

Processus en Python :

Pour exploiter pleinement le parallélisme, Python offre la possibilité d'utiliser des processus, qui sont des exécutions indépendantes dans des espaces mémoire distincts. Chaque processus a son propre interpréteur Python, contournant ainsi le GIL. Les processus sont particulièrement adaptés aux calculs intensifs. Voici un exemple simple de multiprocessus en Python :

python

```python
import multiprocessing

def tache():
```

```python
    for _ in range(1000000):
        pass

    # Créer deux processus
    processus1 = multiprocessing.Process(target=tache)
    processus2 = multiprocessing.Process(target=tache)

    # Démarrer les processus
    processus1.start()
    processus2.start()

    # Attendre la fin des processus
    processus1.join()
    processus2.join()
```

Programmation Asynchrone en Python :

La programmation asynchrone est une autre approche du parallélisme en Python, qui permet d'exécuter des tâches en parallèle de manière efficace grâce à des coroutines. La bibliothèque asyncio est largement utilisée pour la programmation asynchrone en Python. Voici un exemple simple d'utilisation d'asyncio :

python

```python
import asyncio

async def tache():
    for _ in range(1000000):
        pass

# Créer une boucle asynchrone
loop = asyncio.get_event_loop()

# Exécuter les tâches de manière asynchrone
loop.run_until_complete(asyncio.gather(tache()
, tache()))
```

Avantages du Parallélisme :

Le parallélisme en Python offre plusieurs avantages, notamment l'amélioration des performances en permettant l'exécution concurrente de tâches, la réactivité dans les applications d'E/S, et la possibilité d'exploiter pleinement les processeurs multicœurs.

Défis du Parallélisme :

Le parallélisme n'est pas sans défis. La gestion des threads et des processus peut être complexe, avec des problèmes potentiels tels que la concurrence, la synchronisation et la gestion de la mémoire partagée. De plus, la programmation asynchrone peut nécessiter une révision importante du code pour utiliser des coroutines et des boucles asynchrones.

Choix de la Technique de Parallélisme :

Le choix de la technique de parallélisme en Python dépend des besoins spécifiques de l'application. Les threads sont appropriés pour les tâches d'E/S, les processus pour les calculs intensifs, et la programmation asynchrone pour des applications réactives avec une concurrence limitée. Le développeur doit choisir la technique la plus adaptée en fonction des caractéristiques de l'application.

b. Utilisation de la bibliothèque multiprocessing

La bibliothèque multiprocessing est une composante essentielle de Python pour exploiter le parallélisme en utilisant des processus distincts. Elle permet de tirer pleinement parti des processeurs multicœurs pour exécuter des tâches en parallèle. Cette exploration se penchera sur les concepts clés liés à l'utilisation de la bibliothèque multiprocessing en Python, en mettant en avant la création de processus, le partage de données, la synchronisation entre processus et l'application du parallélisme pour améliorer les performances.

Création de processus :

La bibliothèque multiprocessing permet de créer des processus Python distincts. Chaque processus fonctionne de manière indépendante et possède sa propre mémoire, ce qui élimine les limitations du GIL (Global Interpreter Lock) qui s'appliquent aux threads. Voici comment créer un processus simple en utilisant multiprocessing :

python

```python
import multiprocessing

def tache():
    print("Tâche exécutée par le processus fils")

if __name__ == "__main__":
    processus = multiprocessing.Process(target=tache)
    processus.start()
    processus.join()
```

Partage de données entre processus :

Pour permettre la communication entre les processus, la bibliothèque multiprocessing offre des mécanismes de partage de données tels que les queues, les verrous et les variables partagées. Ces outils garantissent un accès sûr et synchronisé aux données partagées entre les processus.

Utilisation de queues :

Les queues multiprocessing permettent de transmettre des données de manière sécurisée entre les processus. Par exemple, voici comment utiliser une queue pour envoyer des données d'un processus à un autre :

python

```python
import multiprocessing

def tache(queue):
```

```python
    queue.put("Donnée transmise par le processus fils")

if __name__ == "__main":
    queue = multiprocessing.Queue()
    processus = multiprocessing.Process(target=tache, args=(queue,))
    processus.start()
    processus.join()
    donnee = queue.get()
    print("Donnée reçue dans le processus parent:", donnee)
```

Synchronisation entre processus :

La synchronisation entre processus est essentielle pour éviter les problèmes de concurrence et garantir la cohérence des données partagées. La bibliothèque multiprocessing offre des mécanismes de verrous, de sémaphores et de conditions pour garantir une exécution ordonnée des processus.

Applications du parallélisme :

La bibliothèque multiprocessing est particulièrement adaptée aux tâches intensives en calcul, telles que le traitement d'images, le calcul scientifique, la génération de rapports ou la simulation. En répartissant ces tâches sur plusieurs processus, il est possible de profiter pleinement des capacités de calcul des processeurs multicœurs.

Défis du parallélisme avec multiprocessing :

Bien que la bibliothèque multiprocessing offre de puissants moyens pour exploiter le parallélisme, elle n'est pas exempte de défis. La gestion de plusieurs processus peut être complexe, et il est important de gérer correctement les problèmes liés à la synchronisation, à la concurrence et à la gestion des erreurs.

CONCLUSION

En conclusion, cet ouvrage sur la programmation avancée en Python a exploré en détail les concepts, les techniques et les bonnes pratiques essentielles pour les développeurs souhaitant maîtriser ce langage de programmation polyvalent. En commençant par une introduction qui a jeté les bases de la programmation avancée en Python, nous avons parcouru un vaste éventail de sujets, allant de la gestion des types de données complexes à l'utilisation avancée des structures de contrôle, en passant par les principes fondamentaux de la programmation orientée objet.

Nous avons également examiné de près la création de classes et d'objets, l'héritage et le polymorphisme, les fonctions avancées, ainsi que la création de modules et de packages personnalisés. La gestion avancée des exceptions, la manipulation avancée des tableaux, les opérations vectorisées et les calculs avancés ont été explorés en détail. Ensuite, nous nous sommes tournés vers l'exploration des techniques essentielles pour l'analyse et la visualisation des données en temps réel, l'agrégation et l'analyse de données avancées, et la programmation asynchrone avec asyncio.

Pour clore notre parcours, nous avons examiné la création de serveurs et clients asynchrones, le streaming de données avec Python, ainsi que l'analyse et la visualisation en temps réel. Enfin, nous avons abordé l'utilisation de la bibliothèque multiprocessing pour exploiter le parallélisme et améliorer les performances des applications Python.

Ce livre a pour objectif d'équiper les lecteurs de connaissances et de compétences avancées en programmation Python, en mettant l'accent sur la compréhension approfondie des concepts et des techniques. Il offre un ensemble complet d'outils pour aborder des projets de développement logiciel avancés, du traitement de données à la création d'applications desktop, en passant par la communication avec des bases de données et l'exploitation du parallélisme.

En tant que développeurs Python avancés, vous êtes désormais mieux préparés à relever les défis de la programmation moderne, à concevoir des applications performantes et à traiter des problèmes complexes avec confiance. Ce livre servira de ressource précieuse pour votre parcours de développement, que vous souhaitiez approfondir vos compétences ou aborder de nouveaux projets exigeants.

Nous espérons que cette exploration avancée de Python vous a permis d'acquérir une compréhension approfondie et de devenir un développeur Python plus compétent et plus efficace. Bonne continuation dans votre voyage de programmation avancée en Python !